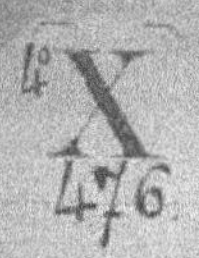

NOTICE HISTORIQUE

SUR

L'ÉCOLE SPÉCIALE DES LANGUES ORIENTALES VIVANTES.

NOTICE HISTORIQUE

SUR

L'ÉCOLE SPÉCIALE DES LANGUES ORIENTALES VIVANTES.

« Chez les peuples les plus éclairés de l'Europe, les langues orientales occupent un rang distingué dans tous les établissements consacrés à la propagation des lumières. Ces langues, négligées en France depuis le commencement de ce siècle, ont été presqu'entièrement abandonnées pendant la révolution. » Tels sont les premiers mots d'un *Rapport sur les langues orientales, commerciales et diplomatiques*, présenté à la Convention par le député Lakanal, et sanctionné, le 10 germinal an III (30 mars 1795), par le vote du décret de fondation de l'Ecole des langues orientales vivantes.

Cette constatation officielle de la décadence qui avait frappé les études orientales en France pendant le XVIIIe siècle, trouve peut-être sa confirmation la plus éclatante dans ce fait que, de 1696 à 1779, il ne fut pas imprimé dans notre pays une seule ligne en caractères arabes. En 1751, à l'occasion de la naissance du duc de Bourgogne,

frère aîné de Louis XVI, les élèves de l'École royale des Jeunes de langues publièrent un petit recueil de vers de circonstance en latin, en grec et en français. Ils s'excusent par le quatrain suivant *quod non Turcice scripserint* :

Turcica Musa silet. Ne, Princeps optime, culpes
Immeritam : voluit plurima verba loqui.
At quæ dixit amor, memori transmittere chartæ,
Non assueta typis, Gallica dextra negat.

Et sous les vers on peut lire cette note : *Nihil Parisiis Turcice Arabiceve typis mandatur.* Un effort considérable était nécessaire pour que ces études reprissent chez nous le rang qu'elles avaient conservé ou conquis dans les pays voisins.

L'idée de créer une nouvelle École spécialement consacrée à l'enseignement des langues orientales vivantes est due à L. Langlès, qui la développa dès l'année 1790 dans une Adresse à l'Assemblée nationale[1]. Partant de l'insuffisance des leçons données au Collège royal[2] (aujourd'hui Collège de France), « établissement d'ostentation, dit-il, plus propre à flatter la vanité d'un roi qu'à remplir les vues des hommes studieux, » Langlès proposait, dans l'intérêt du commerce, de la politique et de la science, de créer à

1. *De l'importance des langues orientales pour l'extension du commerce, les progrès des lettres et des sciences.* Adresse à l'Assemblée nationale, par L. Langlès, *Officier du point d'honneur et Chasseur volontaire de la Garde nationale parisienne.* A Paris, chez Champigny, imprimeur-libraire, rue Haute-Feuille, n° 38, et à Strasbourg, chez Kœnig, libraire, 1790, 40 p. in-8°.

2. Le Collège royal avait eu longtemps deux chaires de langue arabe, dont l'une avait été créée par Henri III, l'autre par Louis XIII. Une de ces chaires avait été supprimée en 1773 par arrêt du Conseil du roi et remplacée par une chaire de langues turque et persane. Les professeurs titulaires étaient, en 1790, Caussin de Perceval père et Ruffin.

Paris et à Marseille « une chaire d'*arabe*, une autre de *turc*, et une troisième de *persan*. » Ces chaires ne devaient être « confiées qu'à des savants, naturalisés parmi les orientaux par un long séjour en Asie. » Le plan d'études tracé par l'auteur du projet ne ménageait pas une sinécure aux « anciens drogmans » qu'on aurait appelés comme professeurs, car il leur aurait fallu donner « tous les matins des leçons publiques de quatre ou cinq heures. » Quant au chapitre des voies et moyens, Langlès voulait « employer à la fondation de ces chaires les revenus destinés à l'éducation des enfants-de-langue, établissement trop mal conçu pour échapper aux recherches de nos sages députés[1]. » Un tel projet n'avait guère de chances d'être accueilli en 1790. La sévérité des jugements portés sur les écoles déjà existantes devait également blesser un certain nombre de personnes et priver son auteur de l'appui et des sympathies dont il avait besoin. La proposition resta donc dans les cartons de

1. Par arrêt de la Cour de commerce en date du 18 novembre 1669, révisé par un autre arrêt du 31 octobre 1670, le roi avait ordonné, sur la proposition de Colbert, que « doresnavant les drogmans et interprêtes des Echelles du Levant résidant à Constantinople ne pourroient s'immiscer à la fonction de leur emploi, s'ils n'étoient François de nation . . . que de trois en trois ans seroient envoyés aux dites Echelles de Constantinople et de Smyrne six jeunes garçons de l'âge de neuf à dix ans qui voudroient volontairement y aller et iceux remis dans le Convent des Capucins desdits lieux de Constantinople et Smyrne, pour y être élevés et instruits à la religion catholique, apostolique et romaine et à la connoissance des langues, en sorte qu'on pût s'en servir avec le temps pour interpreter lesdites langues. » Les enfants envoyés en Orient en vertu de cet arrêt reçurent à Constantinople le nom de Jeunes de Langues ou Enfants de Langues, traduction littérale du turc (دل اوغلانی), et le gardèrent lorsque plus tard l'établissement fut transporté à Paris, au Collége Louis le Grand (1700). Voyez F. Masson, *Les Jeunes de Langues*, dans le *Correspondant* du 10 septembre 1881, p. 905 à 930.

l'Assemblée nationale. Mais Langlès n'était pas homme à se laisser décourager par un premier échec.

Quelques années après, un moment plus favorable se présenta. A la suite des évènements de la révolution, la plupart des drogmans attachés aux postes diplomatiques et consulaires de la Barbarie et du Levant avaient quitté le service. En même temps presque tous les élèves de l'Ecole des Jeunes de langues avaient été retirés du Collége Louis-le-Grand, devenu le Collége de l'Egalité; il n'en restait plus que deux en 1795. La pénurie d'interprètes était devenue telle qu'on ne pouvait trouver de candidats sérieux pour les emplois vacants. D'un côté, l'intérêt commercial et politique du pays exigeait impérieusement qu'une pareille situation ne se prolongeât pas; de l'autre, «l'établissement des Jeunes de langues, qui n'admettait que des enfants en bas âge, n'offrait que des ressources bien lentes pour les pressants besoins de l'Etat.» Il devenait urgent de créer une Ecole dont l'enseignement, s'adressant à des jeunes gens déjà formés, les préparât rapidement à remplir les fonctions d'interprètes.

Langlès, qui n'était point resté inactif depuis sa tentative de 1790, trouva le moment propice et revint à la charge. Au commencement de l'année 1795, mettant à profit ses relations avec plusieurs conventionnels, entre autres avec Lakanal, il présenta de nouveau son projet légèrement modifié, — il n'était plus question de cours de langues orientales à Marseille, — et le fit agréer par les Comités d'instruction publique et des finances de la Convention. On peut même regarder comme certain qu'il rédigea lui-même le rapport de Lakanal dont nous citions tout à l'heure le début. Quoi qu'il en soit, dans un des moments les plus critiques de l'histoire de la révolution, au milieu des émeutes provoquées par la disette, la Convention, vers la fin de la séance orageuse du 10 germinal an III (30 mars 1795), rendit le décret suivant qui est demeuré la charte constitutive de l'Ecole des langues orientales :

La Convention nationale, après avoir entendu le rapport de ses comités d'instruction publique et des finances, décrète:

Article premier.

Il sera établi dans l'enceinte de la Bibliothèque nationale une école publique destinée à l'enseignement des langues orientales vivantes, d'une utilité reconnue pour la politique et le commerce.

II.

L'école des langues orientales sera composée, 1° d'un professeur d'Arabe littéraire et vulgaire; 2° d'un professeur pour le Turc et le Tartare de Crimée; 3° d'un professeur de Persan et de Malais.

III.

Les professeurs feront connaître à leurs élèves les rapports politiques et commerciaux qu'ont avec la République française les nations qui parlent les langues qu'ils seront chargés d'enseigner.

IV.

Les dits professeurs composeront en français la grammaire des langues qu'ils enseigneront ; ces divers ouvrages seront remis au comité d'instruction publique.

V.

Le mode de nomination et le salaire des professeurs de langues orientales, seront les mêmes que ceux des professeurs des écoles centrales instituées par la loi du 7 ventôse dernier.

VI.

Le comité d'instruction publique demeure chargé du règlement de police de l'école des langues orientales.

Le rapport présenté à la Convention et imprimé par son ordre en même temps que le décret ci-dessus[1], s'attachait à montrer l'utilité que la diplomatie et le commerce pouvaient retirer de l'étude des langues orientales; il distinguait soigneusement les langues orientales *savantes* ou *mortes* des langues orientales *vivantes*, énumérait et caractérisait à grands traits ces dernières en laissant entrevoir la création éventuelle de nouvelles chaires, et justifiait en ces termes l'établissement de l'école projetée « dans l'enceinte de la Bibliothèque nationale : »

« Quelques-unes des langues dont nous venons de parler,

1. Cette pièce a été réimprimée dans les *Documents relatifs à la constitution et à l'histoire de l'École spéciale des langues orientales vivantes.* Paris, 1872, p. 27.

étaient enseignées dans le ci-devant collège de France; mais cette branche d'enseignement n'était pas convenablement placée : les manuscrits et les imprimés en langues orientales, d'une rareté et d'une cherté excessives, manquaient également aux professeurs et aux élèves; les uns et les autres étaient privés des secours nécessaires au succès de leurs travaux. C'est dans la Bibliothèque nationale; c'est dans ce dépôt de tous les éléments de l'instruction en ce genre que doit s'élever le monument destiné à l'enseignement public des langues orientales. »

Les évènements ne permirent pas à la Convention de mettre immédiatement en vigueur les nombreuses lois sur l'instruction publique qu'elle avait décrétées. Cette tâche fut réservée au Directoire exécutif et accomplie par son ministre de l'intérieur Benezech. Les écoles centrales, créées le 7 ventôse an III (2 février 1795), ne purent être ouvertes à Paris que le 1er prairial an IV (20 mai 1796). Quant à l'Ecole des langues orientales, ses cours commencèrent le 4 messidor an IV (22 juin 1796) à la Bibliothèque nationale qui venait d'être réorganisée. L. Langlès, nommé, le premier en date, à la chaire de persan et de malais, avait déjà fait un certain nombre de leçons dans les locaux du Collège de France.

L'affiche annonçant l'ouverture des cours de l'École des langues orientales a été conservée dans les précieuses collections de la Bibliothèque nationale. Nous en donnons plus loin un fac-simile. Elle porte que les leçons de persan du citoyen Langlès et les leçons d'arabe du citoyen Sylvestre Sacy *(sic)* auront lieu les Duodi, Quartidi, Septidi et Nonidi de chaque décade, de six à huit heures du soir pour le premier, de quatre à six heures pour le second. Le cours de langue turque devait commencer incessamment et être annoncé par de nouvelles affiches.

Les premières leçons furent bientôt interrompues par les vacances. La rentrée eut lieu le 21 brumaire an V (11 novembre 1796). Langlès profita de cette occasion pour prononcer un discours qui est un excellent commentaire du décret du 10 germinal an III, et où il accentua fortement le caractère pratique de l'enseignement qui devait être donné. «Citoyens,» dit-il en commençant, «le texte de la loi placée à la tête du programme de nos cours vous fait assez connaître quel a été le but des législateurs, en fondant l'*École spéciale des langues orientales vivantes, et d'une utilité reconnue pour la politique et le commerce*. Cette école est destinée à former promptement des drognemans capables de remplacer ceux qui ont abandonné le service de leur patrie. Vous n'ignorez pas que ces hommes précieux par leurs connaissances, estimés jusqu'alors par des services importants et par une fidélité héréditaire, ont sacrifié en un instant tous les droits qu'ils avaient à la reconnaissance de leurs concitoyens, ainsi que la considération dont ils jouissaient parmi les diplomates asiatiques et européens. Quelques-uns n'ont pas rougi de s'enrôler au service des nations ennemies. Nos législateurs ont senti quel coup funeste cette désertion allait porter à notre commerce du Levant et de la Barbarie, si on ne se hâtait de pourvoir à leur remplacement.»

Plus loin le professeur, revenant sur la dure condamnation dont il avait frappé quelques années auparavant le Collége de France, montre comment les cours de langues orientales donnés dans cet établissement viendront compléter l'enseignement de la nouvelle Ecole. «On sait, dit-il, que ce collége est consacré spécialement à l'enseignement des langues mortes et savantes. Ainsi, loin de voir la moindre incompatibilité entre son existence et l'*Ecole spéciale des langues orientales vivantes*, je crois que ces deux établissements doivent se prêter des secours mutuels. Après avoir étudié avec nous les idiômes vulgaires et diplomatiques de l'Asie, nos élèves iront se perfectionner au collége de France, en y apprenant les langues anciennes et sacrées de la Palestine, que l'on y enseigne, celles de la Perse et de l'Inde, dont on ne peut se dispenser de fonder les chaires. Alors il existera dans cette branche de l'enseignement des degrés d'instruction qui manquent dans nos écoles centrales. Ainsi, sans prétendre porter la plus légère atteinte à un établissement consacré par plusieurs siècles d'une utile et brillante existence, respecté par nos derniers Vandales, et dont la destruction serait l'opprobre de ses destructeurs, on a voulu en former un exclusivement consacré à l'enseignement des langues orientales nécessaires à la politique et au commerce.»

Rappelant ensuite que les professeurs de l'Ecole ne doivent pas se borner à exposer les principes et à expliquer les difficultés grammaticales des langues qu'ils enseignent, mais qu'ils sont aussi «chargés de développer les relations politiques et commerciales que nous avons avec les peuples qui parlent ces langues,» Langlès déclare qu'il ne négligera point cette partie de sa tâche : «Le premier soin du professeur de persan sera de vous donner un aperçu des nombreuses provinces de cette immense presqu'île située entre l'Arabie, l'Inde et la Tatarie, connue parmi nous sous la dénomination impropre de *Perse*, mais que, depuis l'antiquité la plus reculée, les nations asiatiques appellent Irân.» Il s'applaudit enfin du choix qui a été fait de la Bibliothèque nationale pour y placer l'Ecole : «Nous avons éprouvé dès l'année dernière l'avantage de cette position, tant par le nombre des élèves qui ont suivi assidûment nos cours, que par les secours littéraires que nous avons trouvés ici, et que nous aurions vainement cherchés ailleurs.»

Ce n'est pourtant pas que l'Ecole eût été somptueusement, ni même confortablement, logée dans l'enceinte de la Bibliothèque nationale. Depuis 1796 jusqu'en 1834 elle n'eut d'autre local qu'une sorte de hangar, éclairé d'une manière insuffisante par d'étroites fenêtres, dans une petite cour, du côté de la rue Neuve-des-Petits-Champs. Mais on était près des manuscrits orientaux, et Langlès, qui en avait été nommé conservateur, les mettait libéralement à la disposition de ses collègues. Il y avait là une compensation à l'aspect misérable de la salle des cours.

Dès la rentrée du 21 brumaire an V, Silvestre de Sacy commença à dicter une grammaire arabe dont le manuscrit, mis au net par un de ses élèves, se trouve aujourd'hui à la bibliothèque de l'Ecole. C'est la première ébauche de la célèbre *Grammaire arabe* publiée par lui en 1810, mais dont le texte était déjà arrêté et livré à l'impression en 1805.

La chaire de turc, qui n'avait point encore de titulaire, était occupée provisoirement par Joseph Behenam, vieillard de soixante-treize ans, né à Mossoul, qui avait perdu pendant la Révolution sa place d'interprète à la Bibliothèque nationale et reçu en assignats la valeur d'une collection de manuscrits orientaux cédée au même établissement. Cette nomination par intérim avait donc eu lieu à titre de dédommagement. Mais l'avis du ministre de l'intérieur était que « la place ne pouvait être bien remplie que par un drogueman du Levant, » et on trouva bientôt un candidat qui satisfaisait à toutes les conditions. C'était Venture de Paradis, premier interprète de la légation française à Constantinople; il fut nommé professeur et prit possession de la chaire de turc en 1797, à son retour à Paris où il accompagnait l'ambassadeur ottoman Esseïd Ali-Efendi.

Les trois chaires de l'École des langues orientales eurent donc comme premiers titulaires : LANGLÈS, pour le persan, SILVESTRE DE SACY, pour l'arabe, et VENTURE DE PARADIS, pour le turc.

La brièveté de cette notice ne nous permet pas de donner la biographie de tous les professeurs qui se sont succédés au différentes chaires de l'École; mais nous croyons devoir faire une exception pour les trois que nous venons de citer en racontant sommairement leur vie jusqu'à l'époque de leur nomination.

Langlès (Louis Mathieu), né à Péronne, près Montdidier, le 23 août 1763, vint de bonne heure à Paris terminer ses études qu'il avait commencées en province. L'état de sa santé ne lui permit pas d'embrasser le métier des armes auquel sa famille le destinait. Mais, désirant partir pour l'Inde, où il comptait trouver un emploi civil ou militaire, il se livra à l'étude des langues orientales, et suivit au Collége de France les leçons d'arabe de Caussin de Perceval père et les leçons de persan de Ruffin. Langlès fut nommé en 1785 lieutenant dans la garde du tribunal des maréchaux de France, et chargé en cette qualité d'empêcher et de réprimer les duels. Il ne cessa pourtant pas de poursuivre ses études scientifiques, et se fit bientôt connaître par de nombreuses publications se rapportant toutes à l'Orient. Quand arriva la Révolution, il en adopta les principes et obtint en 1792 une des places de sous-garde des manuscrits à la Bibliothèque nationale. Il put rester à son poste pendant la Terreur et y rendit de réels services en préservant de toute atteinte le dépôt confié à ses soins. Devenu membre de la commission temporaire des arts, adjointe par la Convention nationale à son comité d'instruction publique, Langlès acquit assez d'influence pour faire rendre le décret de fondation de l'Ecole des langues orientales vivantes. Il fut, en premier lieu, nommé professeur de langue persane. En désignant lui-même les collègues qui devaient lui être adjoints, Silvestre de Sacy et Venture de Paradis, deux orientalistes dont le savoir était bien supérieur au sien, Langlès fit preuve d'une réelle abnégation et d'un véritable dévouement aux intérêts de la science.

Silvestre de Sacy (Antoine Isaac), né à Paris le 21 septembre 1758, était le second fils d'un notaire nommé Jacques Abraham Silvestre. Il reçut le nom de Silvestre de Sacy, comme son frère cadet celui de Silvestre de Chanteloup, tandis que son frère aîné gardait seul le nom patronymique de Silvestre : la famille obéissait ainsi à un usage très fréquent dans la bourgeoisie parisienne. Le jeune Silvestre de Sacy, qui avait perdu son père de bonne heure, fit d'excellentes études classiques sous la direction d'un précepteur et sans quitter la maison maternelle. Dom Berthereau lui ayant inspiré le goût des études orientales, il s'y adonna avec une ardeur peu commune, et apprit successivement l'hébreu, le syriaque, le chaldéen, l'arabe et l'éthiopien. A l'âge de vingt-trois ans, il adressait à Eichhorn, au sujet d'un manuscrit syriaque de la Bibliothèque du roi, une communication qui fut insérée dans le *Repertorium für biblische und morgenländische Literatur*. Deux ans plus tard, en 1783, il publiait dans le même recueil le texte et la traduction des lettres jadis adressées à Scaliger par les Samaritains. Le jeune savant abordait à la fois l'étude des langues persane et turque, acquérait une charge de conseiller à la Cour des monnaies (1784), et était nommé associé libre de l'Académie des inscriptions (1785), à laquelle il présentait bientôt des travaux remarquables sur les premiers temps de l'histoire des Arabes et sur les antiquités de la Perse. En 1791 il devint l'un des commissaires généraux des monnaies, et l'année suivante, membre titulaire de l'Académie des inscriptions qui fut dissoute peu de mois après. Démissionnaire de sa charge de commissaire général, il se retira à la campagne et fit imprimer pendant l'année 1793 ses *Mémoires sur les antiquités de la Perse*. Silvestre de Sacy passait donc déjà pour un orientaliste éminent, pour un savant dont la réputation n'était plus à faire, quand il fut appelé, sur la proposition de Langlès, à occuper la chaire d'arabe de l'Ecole des langues orientales vivantes.

Venture de Paradis (Jean Michel de), de beaucoup plus âgé que ses deux collègues, était né à Marseille le 8 mai 1739, d'un père qui avait été consul dans le Levant. Après avoir fait ses études à l'Ecole des jeunes de langues, il fut envoyé à Constantinople pour se perfectionner dans la connaissance du turc et obtint le poste d'interprète à Saïda. De là il passa en Égypte où il resta jusqu'en 1776, accompagna le baron de Tott, chargé par le roi de visiter les Echelles du Levant (1777), et, après un court séjour au Maroc, fut nommé chancelier interprète du consulat de Tunis (1780). Venture rentra en France en 1781 comme secrétaire interprète du roi *en langues orientales* au ministère des affaires étrangères, mais quitta de nouveau l'Europe pour aller remplir à Alger une mission qui dura deux ans. Ce fut pendant son séjour dans cette ville qu'il composa sa *Grammaire* et son *Dictionnaire de la langue berbère*, publiés plus tard par A. Jaubert (1844). Adjoint ensuite comme drogman à deux ambassadeurs de la République près la Porte ottomane (1793 et 1794), nommé successivement consul général à Smyrne (1794) et premier interprète de la légation française à Constantinople (1796), Venture revint en France en 1797 et occupa immédiatement la chaire de turc à l'Ecole des langues orientales. C'était à lui probablement que songeait déjà le ministre de l'intérieur l'année précédente lorsqu'il voulait réserver cette chaire pour un «drogueman du Levant.»

Venture ne jouit pas longtemps d'un repos qu'il avait si

bien mérité. Sa vie se confond maintenant avec l'histoire de l'Ecole. Dès les premiers mois de l'année 1798, «le gouvernement donne l'ordre au citoyen Venture de se rendre à Toulon pour partir avec une expédition secrète.» Bonaparte l'avait choisi comme premier interprète de l'armée d'Égypte. Il obéit sans murmurer et emmena avec lui, en qualité d'interprètes, trois élèves de l'Ecole des langues orientales, Amédée Jaubert, Raige et Belleteste; un quatrième, Marcel, était nommé directeur de l'imprimerie du corps expéditionnaire, place déclinée par Langlès à qui elle avait été tout d'abord offerte. Venture et ses élèves rendirent à l'armée d'Orient d'éminents services. Le journal d'Abd-er-Rahman Gabarti parle de lui en ces termes: «Venture était un drogman du général en chef. C'était un homme éloquent et aimable : il possédait parfaitement le turc, l'arabe, le grec, l'italien et le français.» Quant à Napoléon, le témoignage suivant, extrait de la relation dictée par lui de la campagne d'Égypte, montre en quelle estime il tenait son interprète : «C'était le premier orientaliste d'Europe. Il rendait avec élégance, facilité, et de manière à produire l'effet convenable, tous les discours du général en chef.» Malheureusement Venture, nommé membre de l'Institut d'Égypte, ne put supporter les fatigues de l'expédition de Syrie. Il fut atteint de la dyssenterie au siége de Saint-Jean d'Acre et mourut, pendant la retraite de l'armée française, en mai 1799. Amédée Jaubert, un des élèves de l'Ecole qui l'avaient accompagné, lui succéda d'abord comme interprète en chef, puis, en 1800, après son retour d'Égypte, comme professeur de turc et secrétaire-interprète de la République pour les langues orientales. «En l'absence du citoyen Venture,» le cours de turc avait été fait par un «citoyen Ambroise,» sur la personnalité duquel il nous a été impossible de trouver le moindre renseignement.

L'affiche du 21 frimaire an VII (11 décembre 1798), qui nous révèle ce dernier détail, porte également que «Cirbied, arménien de nation, donnera des leçons de sa langue naturelle.» Ce premier essai d'ajouter un enseignement nouveau à celui des langues comprises dans l'organisation primitive, savoir l'arabe, le persan et le turc, ne dura que trois ans. Jacques Chahan de Cirbied ([illegible]), originaire d'Édesse, plus connu sous le nom de J. de Cirbied, ou simplement Cirbied, était arrivé en France depuis peu de temps, et la connaissance tout à fait insuffisante qu'il avait du français ne lui permettait pas de professer avec fruit sa langue maternelle. Le cours provisoire d'arménien fut donc supprimé le 24 vendémiaire an X (16 octobre 1801).

Langlès, élu président de l'Ecole par ses collègues, s'efforçait cependant de faire augmenter le nombre des chaires et de compléter ainsi l'enseignement des langues orientales vivantes qui se donnait à la Bibliothèque nationale. Dans une séance de la classe de littérature et beaux-arts de l'Institut national en vendémiaire an VIII, il exposa de nouveau ses vues sur l'importance politique et commerciale de l'étude de ces langues, dont il voulait faire «comme le noviciat de la diplomatie.» Aux trois langues déjà enseignées il lui semblait utile d'ajouter «le malais, le maure ou hindostany, et le tatare-mantchou, qui doit tenir lieu du chinois.» Ce dernier idiôme, ainsi que le japonais, ne lui paraissait pas encore assez bien étudié pour devenir l'objet d'un enseignement pratique. C'était l'Inde surtout qui fixait son attention; il regardait la connaissance des dialectes parlés dans ce pays comme un des moyens à employer, « soit pour profiter des fautes que les Anglais y ont commises, et de l'horreur qu'y inspire leur rapacité tyrannique, soit pour faire reprendre au commerce de cette contrée son ancien cours par l'Égypte. » Langlès, en émettant ces vœux, était évidemment dominé par les préoccupations du moment; aucun ne devait se réaliser pendant qu'il serait à la tête de l'École, comme président, puis bientôt comme administrateur. Mais s'il ne vit inaugurer aucun des enseignements désirés par lui en l'an VIII, il assista pourtant avant sa mort (1824) à la création de trois chaires nouvelles, celles d'arménien (1812), de grec vulgaire (1819) et d'arabe vulgaire (1820).

Le grec moderne paraît pour la première fois sur les programmes de l'École le 15 frimaire an IX (6 décembre 1800); on y peut lire que « le citoyen d'Ansse de Villoison développera l'origine et les principes du Grec vulgaire, dictera des Dialogues pour enseigner à parler cette Langue, etc.[1] » Ce cours provisoire fut maintenu jusqu'à la mort de l'helléniste éminent qui en avait été chargé (1805), puis demeura suspendu pendant dix ans. Il fut rétabli pour M. Hase le 15 septembre 1815. Enfin une ordonnance du roi en date du 7 avril 1819 créa définitivement la chaire de « grec vulgaire », que son titulaire, M. Hase, fit transformer plus tard

1. Voir plus loin la reproduction de l'affiche du 15 frimaire an IX.

(1838) en une chaire « de grec moderne et de paléographie grecque. »

Trois ans après le grec vulgaire, nous voyons l'arabe vulgaire s'introduire dans l'enseignement de l'Ecole des langues orientales. Dom Raphael de Monachis, ancien moine copte, né au Caire, membre de l'Institut d'Égypte, et qui avait rendu des services à l'armée française pendant l'expédition, fut nommé professeur-adjoint[1] par le premier Consul, le 1er vendémiaire an XII (24 septembre 1803), avec mission de « donner des leçons publiques d'arabe [vulgaire], et de travailler à la traduction de ceux des manuscrits de cette langue déposés à la Bibliothèque, qui renferment des notions relatives à la littérature et à l'histoire de sa nation. » Ces traductions devaient être entreprises dans le but de fournir des matériaux à la commission qui rédigeait alors la grande *Description de l'Égypte* dont le premier volume fut publié en 1809. Silvestre de Sacy, qui ne s'occupait pourtant dans ses leçons que de l'arabe classique, et dont la prononciation arabe, de l'aveu de tous, s'écartait notablement de la prononciation orientale, conçut d'abord un assez vif dépit de se voir donner un adjoint, mais ce mécontentement ne tarda pas à s'apaiser. Dom Raphael resta professeur-adjoint d'arabe jusqu'au mois d'avril 1816; il

1. A une époque qu'il nous est impossible de préciser, mais qui est antérieure à 1812, les deux chaires de persan et de turc furent également pourvues de professeurs-adjoints, chargés de suppléer les titulaires en cas d'absence ou de maladie. Au mois de décembre 1815, lorsque M. de Vaublanc fixa le budget de l'Ecole pour 1816, il supprima pour des raisons d'économie les traitements affectés à ces places qu'occupaient Chézy pour le persan et Sédillot pour le turc.

donna alors sa démission et retourna en Égypte, ne voulant point accepter pour sa part une réduction de traitement, conséquence des mesures générales d'économie décrétées sous le ministère de M. de Vaublanc.

En transmettant au Ministre la démission de Dom Raphael, Langlès, administrateur de l'Ecole, proposait de le remplacer en faisant «donner des leçons d'écriture, de prononciation et de conversation arabes» par Michel Sabbagh, autre réfugié égyptien, attaché à l'Ecole en qualité de copiste[1] depuis le 17 septembre 1810. Mais celui-ci étant mort presque immédiatement après (juillet 1816), le cours d'arabe vulgaire fut interrompu pendant trois ans. Le Ministre de l'Intérieur décida, le 26 août 1819, que ce cours devait être «de suite réorganisé,» et en chargea Ellious

1. Michel Sabbagh avait été attaché à l'Ecole des langues orientales sur la proposition de Silvestre de Sacy. Celui-ci, en le recommandant au Ministre, s'exprimait ainsi sur les obligations qui allaient incomber au copiste (Lettre du 3 sept. 1807) : «. . . Il y a longtemps que je désire que le gouvernement attache à son service un copiste pour les langues orientales, et surtout pour l'arabe. Ce copiste me paraîtrait devoir être attaché à l'École spéciale des langues orientales vivantes et mis sous la dépendance des professeurs, qui se concerteraient pour les travaux dont ils le chargeraient. Ces travaux auraient principalement pour objet les manuscrits empruntés à des Bibliothèques étrangères dont on désirerait tirer des copies, et les divers extraits à faire des manuscrits de la Bibliothèque impériale pour les travaux littéraires ordonnés par le gouvernement. Pareillement quelques copies de manuscrits demandées par des gouvernements ou des savants étrangers, après que l'administration de la Bibliothèque y aurait donné son consentement, seraient confiées à ce copiste que l'on pourrait aussi employer à copier les manuscrits qui viendraient à s'altérer par la vétusté. Ce serait donc une chose utile pour la littérature que de charger de ce travail M. Michel Sabbagh, qui a une belle écriture et assez de connaissances littéraires pour s'en bien acquitter. M. Langlès, mon collègue, partage avec moi le désir que Votre Excellence attache ce copiste à l'Ecole des langues.» C'était donc surtout la Bibliothèque qui devait bénéficier des travaux du copiste. Un certain nombre de manuscrits de la main de Michel Sabbagh sont conservés aujourd'hui à la Bibliothèque nationale.

Bocthor (اليوس بقطر), copte égyptien, ancien interprète de l'armée française en Égypte. La lettre ministérielle portait que «les leçons seraient données à des externes comme pour le grec moderne, l'arménien, le turc, l'arabe et le persan,» recommandations qui semblent inutiles, vu l'organisation de l'Ecole qui n'admettait pas d'autres catégories d'élèves. On les comprendra peut-être mieux lorsqu'on saura qu'il s'agissait alors, dans le but de «commencer ou entretenir d'intéressantes relations,» de faire venir d'Égypte et de Syrie pour étudier en France de jeunes Arabes qui auraient été placés sous la surveillance du professeur d'arabe vulgaire[1]. Si le projet se fût réalisé, les obligations de ce professeur seraient devenues tout autres. Quoi qu'il en soit, la chaire d'arabe vulgaire fut définitivement créée, et Bocthor nommé titulaire, par ordonnance du roi en date du 2 août 1820. En ouvrant son cours le 8 décembre 1819, Ellious Bocthor avait prononcé un intéressant discours sur la tâche du professeur d'arabe vulgaire et le plan qu'il se proposait de suivre dans ses leçons :

«Quatre points principaux, dit-il, en feront l'objet : Lire, expliquer, parler, écrire; la lecture comprendra la prononciation; dans l'explication, on fera voir les différentes acceptions d'un mot, son emploi, la manière de le traduire.

«Toutes ces données, qui nous conduiront à parler, seront accompagnées d'exercices de calligraphie ou de l'art de bien former les lettres chez les Orientaux.

1. Peut-être s'occupait-on déjà des jeunes Égyptiens qui furent envoyés en France vers la fin de l'année 1826, et mis sous la direction de M. Jomard, membre de l'Institut et de la commission d'Égypte, et de M. Agoub, professeur d'arabe à l'Ecole des Jeunes de Langues (au Collège Louis-le-Grand).

« Au lieu de donner une fausse théorie de la manière de prononcer un mot, comme on l'a fait trop souvent jusqu'ici, je le prononcerai devant mes auditeurs, en les invitant à m'imiter.

« Les sujets des lectures ne seront pas pris dans les auteurs qui ont besoin de commentaires, ce qui n'apprendrait à un élève interprète, à un voyageur, à un négociant, etc., qu'à ne savoir parler avec personne : nous les choisirons dans les auteurs les plus faciles, et qui sont à la portée de tout le monde, et nous en avons heureusement en tout genre. »

Boethor n'occupa que peu de mois la chaire nouvellement créée. Il mourut en septembre 1821, à peine âgé de trente-sept ans, laissant achevé et mis au net le manuscrit d'un Dictionnaire français-arabe que publia plus tard son successeur, Caussin de Perceval. Celui-ci, qui, de 1814 à 1821, avait été successivement drogman à Constantinople, à Smyrne et à Alep, fut nommé professeur d'arabe vulgaire le 13 décembre 1821, et resta en fonctions jusqu'à sa mort arrivée le 15 janvier 1871.

Nous avons vu plus haut comment et pour quelles raisons le cours provisoire d'arménien avait été supprimé en 1801. Dix ans après, Chahan de Cirbied demanda à le rouvrir, alléguant ses « études continuelles dans la langue et la littérature françaises ». Langlès pensa également qu'il devait avoir acquis « la facilité d'exprimer et de communiquer ses idées à ses auditeurs », et donna un préavis favorable. Le Ministre de son côté, estimant qu'il y avait lieu de tenter encore un essai, autorisa de nouveau un cours provisoire le 8 décembre 1810, et promit en cas de succès de prendre des mesures pour créer définitivement une chaire d'arménien. Cette fois Cirbied réussit, forma rapidement plusieurs élèves dont deux publièrent des travaux, et montra un zèle qui lui valut d'être nommé professeur titulaire par décret impérial du 27 février 1812.

Langlès mourut le 8 janvier 1824, après être resté vingt-neuf ans à la tête de l'Ecole des langues orientales vivantes. On a dit de lui beaucoup de bien et beaucoup de mal. Il ne nous appartient pas de décider ici entre ses détracteurs et ses panégyristes, ni de peser la valeur de ses mérites scientifiques. Mais ce qui n'a jamais été nié et ce qu'il nous faut retenir, ce sont ses rares qualités personnelles, la générosité avec laquelle il mettait sa riche bibliothèque à la disposition des travailleurs, son affabilité envers les nombreux savants français et étrangers qu'il recevait régulièrement deux fois par mois dans sa galerie, et avant tout son activité, sa persévérance, et son dévouement incessant pour l'établissement qu'il avait été chargé d'organiser. Il laissait l'Ecole en pleine prospérité, avec six chaires autour desquelles se réunissaient des élèves de tout âge et dont la moitié au moins venaient de l'étranger.

De Chézy, déjà professeur de sanscrit au Collége de France, fut nommé à la chaire de persan en remplacement de Langlès. Une ordonnance du roi en date du 26 août 1824 conféra le titre d'administrateur à Silvestre de Sacy qui en exerçait déjà les fonctions depuis plusieurs mois.

Paris, avec l'Ecole des langues orientales, le Collége de France et la Société asiatique fondée en 1822 sous le patronage de Silvestre de Sacy, était devenu le vrai centre des études orientales en Europe. On en jugera par l'extrait suivant d'une lettre écrite à un de ses amis le 24 mars 1828 par un jeune orientaliste allemand :

«Le gouvernement français fait et peut faire plus que tous les autres États pour l'érudition orientale. Imaginez vous que dans la capitale de la France il existe deux établissements distincts, où sont enseignées *gratuitement* la plupart des langues de l'Asie qui ont une littérature. Le plus ancien est le «Collége royal de France.» Outre les leçons ordinaires sur la littérature classique, sur les sciences mathématiques, physiques et historiques, on peut y apprendre les langues asiatiques suivantes : *l'hébreu*, le *chaldéen* et le *syriaque*, avec M. E. Quatremère; *l'arabe*, avec M. Caussin; le *turc*, avec M. Kieffer; le *persan*, avec l'illustre Silvestre de Sacy, le plus grand des orientalistes actuellement vivants, qui a reçu de Napoléon, en récompense de ses nombreux services, le titre de baron; le *chinois* et le *mantchou*, avec M. Abel-Rémusat, homme d'une vaste et solide érudition, qui explique cette année le texte chinois des *Deux cousines*, roman déjà traduit par lui; enfin le *sanscrit*, avec M. de Chézy, le mari de Helmina de Chézy, une de nos femmes poëtes de l'Allemagne, qui montra un tel dévouement en soignant dans les hôpitaux du Rhin nos soldats blessés.

«L'autre établissement est «l'Ecole spéciale des langues orientales vivantes,» fondée pendant la Révolution par Langlès, homme fort aimable et trop tôt enlevé à la science. Elle se trouve dans une des cours de la Bibliothèque royale, mais dans un local qui est loin d'être beau : figurez-vous une espèce d'écurie, éclairée par de misérables petits carreaux de vitre. Son directeur actuel est le baron Silvestre de Sacy, qui occupe en même temps la chaire d'*arabe ancien*, pendant que M. Caussin de Perceval enseigne l'*arabe vulgaire*. Le chevalier Jaubert, dont nous avons lu à Bonn avec tant d'intérêt le voyage en Perse, donne les leçons de *turc*. M. de Chézy professe le *persan*, M. Levaillant de Florival, l'*arménien*, et notre compatriote allemand Hase, le *grec moderne*, qu'il parle avec une merveilleuse facilité.

Tous ces professeurs ont formé un nombre considérable d'élèves dignes de leurs maitres. Je ne vous citerai que ceux de langue allemande qui suivent actuellement les leçons. Parmi les auditeurs de M. de Sacy, le plus fort est sans contredit M. Fleischer, de Leipzig, que l'on voit journellement travailler avec une ardeur peu commune dans la salle des manuscrits de la Bibliothèque royale. Pendant son séjour à Paris, il a copié entièrement le commentaire de Beidhawi sur le Coran, qui forme un énorme in-folio. Vous connaissez l'excellente édition du texte arabe des *Mille et une Nuits* de Abich[1]; Fleischer l'a collationnée avec les manuscrits de Paris et a réuni toutes les variantes. C'est un travail gigantesque, qui remplirait au moins deux volumes in-8°, et dont un spécimen a paru dans le *Journal Asiatique;* mais seulement un spécimen, car la rédaction de cette revue a refusé de publier la suite sous le futile prétexte

1. Lire : Habicht.

qu'une telle collection de variantes serait trop ennuyeuse pour les lecteurs[1]. Après M. Fleischer, la première place appartient à un Alsacien, M. Stahl, qui se distingue par la variété de ses connaissances bibliographiques. M. Munk a également fait de grands progrès en arabe, en profitant de l'avantage que lui vaut la connaissance de l'hébreu, sa langue maternelle. Vullers[2], dont vous possédez probablement déjà la belle édition de la *Moallakah* de Hareth, avec les scholies de Zouzeni, est de même un des élèves les plus distingués de Silvestre de Sacy. Vous le connaissez, je crois, personnellement de Bonn. Le savant et sagace Olshausen a séjourné aussi un certain temps à Paris, etc.[3] »

On vient de voir que le cours d'arménien était fait en 1828 par Levaillant de Florival. Chahan de Cirbied avait en effet, en 1826, demandé un congé de trois ans « pour aller à Tiflis, où il était appelé par l'archevêque Nersès, afin d'organiser une école spéciale des langues européennes dans la capitale de la Géorgie. » Il avait en même temps

1. Abhinc annos octo in Diario Societatis asiaticæ Parisiensis (Ann. 1827, mens. Oct., p. 217 sqq.) huic dissertationi præclusi animadversiones criticas in primum tomum noctium ab Habichtio editarum, quæ ab ejus initio pertinent ad p. 36; plures dedissem, si editores Diarii, qui tum erant, his literis favissent. Cf. Fleischer, *De glossis Habichtianis*, p. 7.

2. Parisios ire, Orientalium litterarum principem præceptorem nancisci, ditissimos bibliothecæ Regiæ Parisiensis thesauros perscrutari, summa Augustissimi, Munificentissimique Regis nostri liberalitate mihi concessum est ... Vix Parisiis consederam, quum statim *Silvestrum de Sacy* adii, ut et doctissimarum doctoris eximii lectionum perciperem fructus, et ipsa Viri Illustrissimi consuetudine litterarum, quas possidet, thesauros pretiosissimos adeundi copia mihi daretur. Humanissime ab illo exceptus, omni qua par est diligentia et ardore per triennium fere doctissimas ejus scholas frequentavi. *Theses controversæ ... quas defendet* Ioannes Vullers. *Halis Saxonum*, 1830, p. 7.

3. *Briefe über den Fortgang der Asiatischen Studien in Paris, von einem der orientalischen Sprachen beflissenen jungen Deutschen.* Ulm, s. a., p. 5 sv.

proposé pour le remplacer durant son absence un de ses élèves, Levaillant de Florival, qui fut nommé professeur-suppléant le 11 août 1826. Cirbied ne revenant pas à l'expiration de son congé, on le considéra comme démissionnaire et son suppléant fut nommé titulaire par une ordonnance du roi en date du 4 septembre 1830. Levaillant de Florival resta professeur d'arménien jusqu'à sa mort arrivée le 20 janvier 1862[1].

Un nouvel enseignement fut introduit à l'Ecole sous l'administration de Silvestre de Sacy, celui de la langue hindoustani, dont Langlès, en l'an VIII, avait déjà recommandé l'étude. C'était pour un de ses élèves favoris, M. Garcin de Tassy, alors secrétaire du Collége de France, que Silvestre de Sacy sollicita personnellement et obtint en 1828 la création d'un cours provisoire de cette langue. Un article parut à cette occasion dans le *Moniteur* (16 juin 1828), qui contenait les appréciations suivantes sur l'utilité d'une chaire d'hindoustani et les mérites du candidat désigné :

« Un arrêté de S. Exc. le ministre secrétaire d'état de l'intérieur, en date du 29 mai dernier, établit un cours de langue hindoustani à l'Ecole royale et spéciale des langues orientales vivantes. Ainsi, en même temps qu'on apprendra au Collége royal de France la langue sacrée de l'Inde, dont une chaire a été fondée en 1814 par la munificence de Louis XVIII, on pourra étudier dans une autre école,

1. Levaillant de Florival obtint en 1834 l'autorisation de s'absenter pour faire un voyage en Arménie et de prendre comme suppléant pendant son absence M. Eugène Boré, qui siégea comme tel à l'assemblée des professeurs. Il se contenta cependant de séjourner quelques mois à Venise.

plus spécialement consacrée aux langues vivantes de l'Asie, un idiôme né du mélange de l'arabe et du persan avec le sanscrit, et qui, à peu d'exceptions près, et sauf certaines variétés propres aux diverses localités, offre le moyen de communication le plus général avec les nations qui occupent la presqu'île de l'Inde. En effet, bien qu'on parle dans ses différentes provinces dix ou douze idiômes différents, l'hindoustani suffit aux étrangers pour se faire entendre dans presque toutes les parties de cette vaste contrée, depuis le cap Comorin jusqu'aux frontières de la Boucharie, et des bouches de l'Indus jusqu'aux rives du Bur-Campostor ou Brahma-Poure ..... M. Garcin de Tassy, que S. Exc. le ministre de l'intérieur a chargé de cet enseignement, avait déjà obtenu le suffrage des hommes qui, en Angleterre, se sont le plus occupés de cet idiôme; et les connaissances variées qu'il a acquises par quinze ans de travail dans plusieurs des langues de l'Asie, et dont il a donné des preuves par la publication de divers ouvrages, ne permettent point de douter qu'il ne réponde à la confiance du gouvernement. »

La publication de cet article souleva une polémique des plus violentes, que Silvestre de Sacy ne put apaiser en se déclarant l'auteur des appréciations incriminées; les critiques les plus acerbes n'étaient pas toujours celles qui portaient sur la matière du nouvel enseignement. Les adversaires de M. Garcin de Tassy n'eurent pourtant pas raison contre l'administrateur de l'École, et deux ans après, l'essai ayant été jugé suffisant, une ordonnance du roi, en date du 17 décembre 1830, créa définitivement la chaire d'hindoustani. Ce cours traversa bientôt une période brillante, et pendant plusieurs années attira à l'Ecole un nombre assez considérable d'élèves anglais qui se destinaient au service de la Compagnie des Indes.

En 1832 l'épidémie de choléra, qui frappa si cruellement le monde scientifique de Paris, enleva à l'Ecole deux de ses membres : Sédillot, secrétaire, mourut le 9 août, et De Chézy, professeur de persan, le 3 septembre suivant.

Une ordonnance du roi, en date du 14 novembre 1832, pourvut à la chaire de persan en y nommant M. Étienne Quatremère, déjà professeur des langues hébraïque, chaldaïque et syriaque au Collége de France.

Quant à la place de secrétaire, elle fut supprimée par ordonnance du 28 août de la même année et les fonds ainsi rendus disponibles, employés à parfaire le traitement de M. Garcin de Tassy, le nouveau professeur d'hindoustani. C'est ici le lieu de dire en quoi consistaient les attributions du secrétaire de l'Ecole, qui n'avaient nullement alors le caractère presque exclusivement administratif qui leur a été donné depuis.

Le Directoire exécutif, «considérant l'augmentation du nombre des élèves et la multiplicité des travaux des professeurs,» créa cette place le 23 fructidor an V (9 sept. 1797), et y nomma le même jour «le citoyen Jean Jacques Emmanuel Sédillot.» Les fonctions que devait remplir le nouveau titulaire n'étaient pas clairement définies dans l'arrêté d'institution. Au commencement de l'année 1812, Amable Jourdain, interprète du conseil des prises et un des élèves les plus distingués de l'Ecole, fut nommé secrétaire-adjoint et «spécialement chargé de copier et cataloguer les manuscrits arabes, turcs et persans [de la Bibliothèque impériale], de remplacer les professeurs-adjoints[1] en cas de maladie et d'aider le secrétaire de l'École dans ses travaux. » Il semble que des conflits d'attribution ne tardèrent pas à se produire entre les deux secrétaires et le copiste arabe, car, le 30 avril de la même année, le ministre de l'intérieur dut prendre, sur la demande de l'administrateur Langlès, un arrêté déterminant les fonctions de ces employés et qui peut se résumer comme suit : « Le secrétaire en chef, le secrétaire-adjoint et le copiste doivent se tenir à la disposition de l'administrateur et des professeurs tous les jours de dix heures à deux; ils secondent les professeurs dans leurs travaux littéraires, soit en transcrivant des textes orientaux, soit en traduisant, en corrigeant des épreuves, etc.; ils dressent la table des chapitres ou des matières des principaux manuscrits orientaux de la Bibliothèque impériale, et en traduisent les passages les plus importants, « de manière à ce que ces traductions puissent faire suite à celles que les Jeunes de Langues envoyaient autrefois de Constantinople; » enfin le secrétaire en chef s'occupera encore « des détails d'administration et de comptabilité que l'administrateur voudra bien lui confier. » Les secrétaires étaient donc affectés avant tout à des travaux scientifiques; l'administration de l'École restait trop simple et trop peu chargée, pour que la présence d'un fonctionnaire spécial fut jugée nécessaire.

A. Jourdain, qui avait dû à ses travaux le maintien de sa place, alors que M. de Vaublanc supprimait par éco-

1. Voir page XX, note.

nomie toutes les adjonctions, mourut jeune en février 1818. E. Gauttier, qui s'occupait principalement de la reproduction lithographique des textes orientaux, fut nommé secrétaire-adjoint provisoire, sans traitement, le 4 avril 1820, mais ne parvint pas à se faire attacher définitivement à l'Ecole. Le règlement de 1812 tombait du reste peu à peu en désuétude, et quand la place de secrétaire fut supprimée après la mort d'Emmanuel Sédillot en 1832, ses attributions étaient réduites à la rédaction des procès-verbaux et de la correspondance administrative courante. M. Amélie Sédillot fils, secrétaire du Collége de France, se déclara prêt à continuer sans rémunération les fonctions remplies auparavant par son père, et son offre fut acceptée par l'assemblée des professeurs le 24 novembre 1832.

Depuis son organisation, l'Ecole des langues orientales avait dépendu du Ministère de l'Intérieur. Elle en avait été distraite en 1832, sous le ministère Casimir Périer, pour être rattachée au Département du commerce et des travaux publics, mais cette situation dura à peine quelques mois. Une ordonnance du roi, en date du 14 novembre 1832, la fit rentrer «avec les établissements scientifiques et littéraires,» dans les attributions du Ministre de l'Instruction publique qui était alors M. Guizot.

L'année suivante, l'Ecole quitta le pauvre local dont nous avons parlé plus haut. Une des pièces occupées jusqu'alors dans les bâtiments de la Bibliothèque nationale par les bureaux de l'indemnité de Saint-Domingue, fut affectée à son service au moyen de quelques travaux d'appropriation.

Silvestre de Sacy, baron de l'empire, Pair de France, administrateur du Collège de France et de l'Ecole des langues orientales vivantes, etc. etc., mourut le 21 février 1838. Cette date est décisive dans l'histoire de l'Ecole. Elle marque la fin d'une période où le succès de l'établissement créé le 10 germinal an III avait été sans cesse grandissant. Mais l'autorité qui s'attachait au nom de l'illustre orientaliste n'avait pas été sans rejeter un peu trop à l'arrière-plan la légitime influence de ses collègues. L'École des langues orientales s'était incarnée, pour ainsi dire, dans la personnalité de Silvestre de Sacy, et, lui mort, il sembla à plusieurs que tout croulait avec lui. Nous verrons tout à l'heure à quelles mesures on crut devoir recourir pour protéger l'École. Mais revenons un instant en arrière pour apprécier le chemin parcouru, et nous rendre compte de la manière dont l'Ecole avait rempli les obligations qui lui incombaient de par le décret de l'an III.

Dans l'esprit de ce décret, l'Ecole des langues orientales était créée pour former les interprètes dont avaient besoin les divers services publics et le commerce extérieur du pays. Si cette première obligation ne fut pas remplie aussi bien qu'on aurait pu s'y attendre après le succès des premières années, la faute n'en doit pas uniquement retomber sur la direction imprimée à l'enseignement. Les débouchés ne tardèrent pas en effet à manquer pour les élèves. Dès l'an VI, le Ministre des relations extérieures qui, pour des raisons trop longues à développer ici, tenait à avoir un établissement dépendant directement de son département, rétablit dans le Prytanée français la Chambre des élèves pour les langues orientales, » c'est-à-dire l'ancienne Ecole des Jeunes de langues, où continuèrent à se recruter les drogmans employés dans les Echelles du Levant. On fit bien rarement appel pour ces fonctions à l'Ecole des langues orientales vivantes. Mais il ne faut pas non plus se dissimuler que sous la puissante influence de Silvestre de Sacy, le côté scientifique de l'enseignement n'avait pas tardé à primer le côté pratique. Silvestre de Sacy ne professa jamais que l'arabe dit *littéral*. Il n'avait point été en Orient et prononçait l'arabe comme il l'avait appris de son maître Dom Berthereau, comme on le prononçait alors dans toutes les Ecoles de l'Europe; la pratique de la conversation lui faisait complètement défaut. La plupart de ses collègues commencèrent de bonne heure à modeler leur enseignement sur le sien, et à négliger, — il serait peut-être aussi vrai de dire : à dédaigner — ce qui aurait dû être le but immédiat de leurs leçons. On forma des savants, et non des interprètes. N'oublions pas cependant que, lors de l'expédition d'Alger en 1830, un certain nombre d'élèves de l'Ecole furent adjoints au corps expéditionnaire et rendirent à l'armée les plus grands services[1].

L'article 3 du décret du 10 germinal an III imposait aux professeurs de faire « connaître à leurs élèves les rapports politiques et commerciaux qu'ont avec la République française les nations qui parlent les langues qu'ils seront

1. Nous pouvons citer les noms suivants : Gauthier, Bourcet, L'Auxerois, Muller, Eusèbe de Salles, Vincent, Jeanny Pharaon; d'autres nous ont sans doute échappé. Dans les années qui suivirent la conquête, de nouveaux élèves de l'Ecole se distinguèrent en Algérie, Cluny, Desbarolles, Bresnier, le Dr Perron, etc.

chargés d'enseigner. » Cette prescription fut certainement observée pendant les premières années d'existence de l'École; mais elle tomba peu à peu en désuétude, à mesure que l'enseignement devenait plus scientifique et littéraire. On arriva assez vite à ne plus faire qu'exposer la grammaire et interpréter des textes. Il est même douteux que la chaire d'histoire et de littérature orientales qu'il était question de créer en 1818 pour le secrétaire-adjoint A. Jourdain, eût pour but de compléter l'enseignement des langues dans le sens voulu par la Convention.

En revanche l'article qui ordonnait de composer en français la grammaire des diverses langues professées à l'École, avait été ponctuellement exécuté. En 1838, les chaires de persan et de grec vulgaire étaient les seules où l'on ne pût employer de livre élémentaire « à l'usage des élèves de l'Ecole des langues orientales vivantes. » Les grammaires rédigées pour les cours d'arabe, d'arabe vulgaire, de turc, d'arménien et d'hindoustani étaient publiées[1], et

1. *Grammaire arabe à l'usage des élèves de l'École des langues orientales vivantes*; avec figures. Par A. I. Silvestre de Sacy. Paris, Imprimerie impériale, 1810, 2 v. 8°. — Seconde édition corrigée et augmentée, à laquelle on a joint un Traité de la prosodie et de la métrique des Arabes. Paris, Imprimerie royale, 1831, 2 v. 8°.

Chrestomathie arabe, ou Extraits de divers écrivains arabes tant en prose qu'en vers, à l'usage des élèves de l'École spéciale des langues orientales vivantes, par A. I. Silvestre de Sacy. Paris, Imprimerie impériale, 1806, 3 v. 8°. — Seconde édition, corrigée et augmentée. Paris, Imprimerie royale, 1826—1827, 3 v. 8°.

Éléments de la grammaire turke, à l'usage des élèves de l'École royale et spéciale des langues orientales vivantes, par P. Amédée Jaubert. Paris, Imprimerie royale, 1823, in-4°. — 2e édit. 1833, 8°.

Grammaire de la langue arménienne, rédigée pour les élèves de l'École royale et spéciale des langues orientales vivantes, par J. Ch. Cirbied. Paris, Everat, 1823, 8°.

toutes, à l'exception de la Grammaire arménienne de Cirbied, arrivèrent au moins à une seconde édition.

Malgré les lacunes que nous venons de signaler, nous pouvons dire, et chacun le reconnaitra avec nous, que l'Ecole des langues orientales, pendant cette première période de son existence, accomplit sa mission dans la mesure de ce qui était possible. Et si, grâce aux conditions difficiles où elle se trouva placée, elle ne donna pas tous les résultats pratiques qu'on était en droit d'espérer, elle contribua du moins largement à entretenir et à augmenter la bonne renommée scientifique de la nation[1].

Silvestre de Sacy était mort le 21 février 1838. Ses funérailles furent célébrées en grande pompe, le 23, à l'Eglise Saint Sulpice. Dès le 25, c'est-à-dire deux jours après, l'assemblée des professeurs se réunit sous la présidence de

Grammaire arabe-vulgaire, suivie de dialogues, lettres, actes, etc., à l'usage des élèves de l'École royale et spéciale des langues orientales vivantes, par A. P. Caussin de Perceval. Paris, Dondey-Dupré, 1824, in-4°. — 2e édit. 1833, 8°; 3e édit. 1843, 8°; 4e édit. 1858, 8°.

Rudiments de la langue hindoustani, à l'usage des élèves de l'École royale et spéciale des langues orientales vivantes, par Garcin de Tassy. Paris, Imprimerie royale, 1829, in-4°. — 2e édit. 1863, 8°.

Nous omettons un certain nombre d'ouvrages de moindre importance, mais composés pour satisfaire aux mêmes besoins.

1. «Sous le rapport scientifique, on peut dire avec vérité que l'Ecole des langues orientales a jeté sur la France un vif éclat, et qu'il n'est pas de pays qui ne nous envie cette belle institution.

«Depuis quarante années, en effet, c'est à cette Ecole que la plupart des grands Etats de l'Europe ont envoyé leurs élèves, et les orientalistes les plus célèbres de l'Allemagne, de l'Angleterre et de la Russie s'honorent de lui avoir appartenu.» (*Rapport présenté au Roi*, le 22 mai 1838, par M. de Salvandy, Ministre de l'Instruction publique.)

son doyen, M. Amédée Jaubert. Le procès-verbal de la séance, dans sa concision, trahit un certain effarement. M. E. Quatremère expose les motifs qui rendent nécessaire un règlement spécial pour l'École. L'assemblée approuve à l'unanimité, mais « décide préalablement qu'il sera fait un *Rapport des services rendus par l'École à la France dans ses relations politiques et commerciales avec l'Orient.* M. Quatremère est nommé rapporteur. » M. Quatremère donne ensuite lecture d'un projet de règlement déjà préparé et dont les articles sont successivement adoptés. Puis « l'Assemblée décide que M. le Doyen demandera une audience au Ministre, au nom de MM. les Professeurs, et que l'École entière se rendra auprès de lui, afin de soumettre à son approbation le projet de règlement adopté, et demander que ce règlement soit confirmé par une ordonnance royale. »

Le 2 mars, le Ministre, M. de Salvandy, reçoit les professeurs de l'École et leur promet de donner toute son attention au projet de règlement remis entre ses mains. Une ordonnance royale, en date du 25 du même mois, nomme M. Reinaud professeur de la chaire de langue arabe en remplacement de M. de Sacy ; le 25 avril une autre ordonnance confère à M. Jaubert le titre d'administrateur de l'École ; enfin le 22 mai parait une nouvelle ordonnance qui réorganise l'École des langues orientales vivantes[1].

Nous ne connaissons pas le projet de « Règlement » qu'avait préparé M. Quatremère, mais il nous est impossible

1. Le texte en est publié dans les *Documents relatifs à la constitution et à l'histoire de l'École des langues orientales vivantes*. Paris, 1873, 1°.

d'admettre qu'il se retrouve dans l'ordonnance du 22 mai 1838, où l'on n'entrevoit guère autre chose qu'une tentative malheureuse de faire rentrer l'École dans le savant mécanisme universitaire qui plaisait tant à la monarchie de juillet : l'École des langues orientales aura à sa tête un Président, nommé par le roi. Ses élèves devront être au moins bacheliers-ès-lettres et pourront recevoir trois diplômes échelonnés (comme le baccalauréat, la licence et le doctorat), dont le dernier conférera le titre de «gradué pour les langues orientales.» Nul ne pourra être nommé professeur s'il n'est licencié-ès-lettres et «gradué[1].» Un fonds sera fait pour rémunérer ceux des gradués français qui se voueront au dépouillement et à la traduction des manuscrits orientaux de la Bibliothèque du roi.

Tels sont les grands traits de la nouvelle ordonnance qui devait désormais régir l'École des langues orientales. Elle ne contenait rien sur la direction à imprimer aux études, rien sur l'avenir réservé aux élèves, auxquels il ne restait guère d'autre perspective que celle de succéder à leurs maîtres ou de se partager une somme de 5000 francs en faisant des extraits des manuscrits de la Bibliothèque[2]. C'é-

1. L'ordonnance du 22 mai introduit quelques modifications dans la liste des chaires de l'École. C'est ainsi que la chaire d'*arabe*, occupée d'abord par Silvestre de Sacy et à laquelle venait d'être nommé M. Reinaud, devient une chaire d'*arabe littéral*. La chaire de *grec vulgaire*, créée pour M. Hase qui l'occupait encore, prend le titre de chaire de *grec moderne* et de *paléographie grecque*.

2. Ce que l'on demandait au contraire depuis plusieurs années, c'était que le gouvernement voulût bien accorder aux élèves de l'École des langues orientales certains avantages dont jouissaient les élèves d'autres établissements, et leur assurer un avenir, en leur réservant des places dans la carrière des consulats et de la diplomatie orientale.

tait la négation la plus formelle et la plus absolue du décret de la Convention. Et cependant, par une contradiction vraiment inexplicable, le Rapport au Roi, qui précédait l'ordonnance, visait «l'extension toujours plus grande de nos rapports commerciaux et politiques avec l'Asie, la possession de l'Algérie, la situation nouvelle de l'Égypte et de la Syrie, l'établissement régulier des bateaux à vapeur sur tout le littoral de la Méditerranée, enfin le mouvement scientifique qui tourne tous les esprits, autant que le mouvement commercial, vers les points de départ du commerce et de la civilisation.»

Fort heureusement pour l'École des langues orientales, l'ordonnance royale du 22 mai 1838 se trouva inapplicable. L'assemblée des professeurs fit d'inutiles efforts pour en exécuter les prescriptions, rédigea des programmes d'examens, présenta des élèves pour l'obtention des diplômes, etc.; rien n'aboutit. La tradition de l'École veut que M. Dulaurier ait obtenu le seul diplôme de «gradué» qui ait été alors délivré; nous n'en avons trouvé nulle trace dans les pièces administratives. L'ordonnance était déjà tombée en désuétude dès la fin de l'année 1839, et les 5000 francs alloués pour rémunérer les gradués, appliqués à la publication de textes orientaux[1].

A partir de ce moment l'École vécut comme elle put, mais dans les plus déplorables conditions, c'est-à-dire avec

1. C'est ainsi que furent publiés, sous le titre général de *Chrestomathies orientales*, un certain nombre de textes destinés à être mis entre les mains des élèves; en arabe, des *Extraits du roman d'Antar*; en persan, l'*Histoire de Djenghiz-khan* et l'*Histoire des Samanides* de Mirkhond; l'*Histoire des sultans du Kharezm*, du même; les *Prolégomènes des tables astronomiques d'Oloug Beg* par M. Sédillot, etc., etc.

un règlement qui n'était pas observé. Les professeurs continuaient de se distinguer par des travaux remarquables, formaient peu d'élèves, et semblaient craindre d'attirer l'attention sur un établissement dont la célébrité avait été un moment si grande. Consultée par le Ministre sur l'opportunité de créer une chaire de malais, langue mentionnée au décret d'institution de l'Ecole, mais qui n'avait pas encore été enseignée, l'assemblée des professeurs émet à l'unanimité, le 8 novembre 1839, un préavis défavorable. Le 13 décembre suivant, c'est un cours de chinois vulgaire qui a le même sort[1]. Mais le Ministre passe outre, et autorise, le 4 mars 1841, MM. Dulaurier et Bazin à ouvrir à l'Ecole, le premier un cours de langues malaye et javanaise, le second un cours de chinois moderne. Ceux-ci désirent que leurs leçons figurent au programme des cours; «l'assemblée décide que cette demande, étant contraire aux usages et aux précédents, ne peut être accueillie.» Cependant, et malgré toute opposition, la chaire de langue chinoise vulgaire est définitivement créée par ordonnance du 22 octobre 1843, et M. Bazin nommé titulaire. Il en est de même le 2 septembre 1844 pour la chaire de langues malaye et javanaise, dont est pourvu M. Dulaurier. D'un autre côté le Ministre de l'Instruction publique adresse, le 6 avril 1846, une lettre sévère au Président de l'Ecole qui a autorisé,

1. Le projet de créer une chaire de langue berbère, demandée plusieurs fois par le Ministère de la guerre, ne fut pas soumis aux délibérations de l'assemblée des professeurs. Le tout se passa en pourparlers et en échanges de vues entre le Ministre de l'Instruction publique, le Ministre de la guerre, le Président de la Commission du budget et le Président de l'Ecole. La correspondance dura près de deux ans et n'aboutit à aucun résultat.

sans lui en donner connaissance, un cours de langues turco-tartare professé par un savant étranger, M. Rœrig.

M. Amédée Jaubert, président et doyen des professeurs de l'Ecole, meurt le 27 janvier 1847. Il occupait la chaire de turc depuis 1801, mais avait eu à remplir diverses missions diplomatiques en Orient pendant la durée desquelles il s'était fait suppléer, d'abord par M. Sédillot, ensuite par M. Bianchi. M. Hase, professeur de grec moderne et de paléographie grecque, devient président de l'Ecole en vertu d'une ordonnance royale du 31 mars. La chaire de turc demeure vacante jusqu'au 23 janvier 1848; à cette date une ordonnance y nomme M. Mac Guckin de Slane, interprète principal de l'armée d'Afrique.

Survient la Révolution de février. M. de Slane, à peine nommé, est considéré comme suspect de sympathies pour le régime déchu, et un arrêté ministériel du 20 mars 1848 le remplace par M. Dubeux. Vers la même époque, M. Carnot, ministre de l'Instruction publique, reçoit une députation des anciens élèves de l'Ecole : ils venaient demander qu'on introduisît dans l'organisation de cet établissement des modifications propres à assurer aux élèves une carrière et un avenir, et à rétribuer enfin leurs travaux restés jusqu'alors sans encouragement. Entre autres vœux qu'ils émettaient, se trouvait celui de voir créer des places de répétiteurs, dont les uns auraient enseigné l'histoire et la géographie de l'Orient, les autres aplani pour les commençants par des leçons élémentaires les principales difficultés que présentent toujours au début les langues orientales. L'assemblée des professeurs persista à ne vouloir rien changer aux cadres de l'Ecole, et, consultée par le Ministre sur deux demandes particulières, se prononça, dans sa séance du 13 décembre 1848, contre l'utilité et l'opportunité d'un enseignement accessoire.

Malgré cette résolution de l'assemblée, M. Hase, président de l'Ecole, demanda au Ministre le 3 novembre 1852, la création d'une chaire d'histoire et de littérature orientales pour M. Sédillot, secrétaire de l'Ecole depuis 1832, et auquel avait été adjoint M. E. Latouche, par arrêté du 30 mai 1848. L'examen de cette proposition fut ajourné à une «occasion favorable,» mais à la même époque M. Latouche, secrétaire-adjoint, reçut l'autorisation de faire pour les élèves une conférence préparatoire aux principales langues de l'Orient.

Après la mort de M. Quatremère (18 septembre 1857) M. Schefer, premier-secrétaire interprète pour les langues orientales au Ministère des Affaires étrangères, fut nommé professeur de la chaire de persan par décret impérial du 23 novembre 1857. Pour la première fois l'Ecole avait eu l'occasion d'exercer la prérogative qui lui avait été accordée par le décret du 9 mars 1852 de présenter deux candidats, pendant que l'Académie des Inscriptions et Belles-Lettres en désignait également deux. Depuis 1795, date de la création de l'Ecole des langues orientales, les nominations avaient toujours été faites directement par les Ministres, sans présentation d'aucune sorte.

Jusqu'aux premières années de l'administration actuelle, l'histoire de l'Ecole ne présente aucun fait saillant. Tout jugement nous est interdit du reste sur cette période, où il ne pourrait porter que sur des faits contemporains et des personnes dont plusieurs vivent encore. Nous nous bornerons donc à résumer rapidement, et en suivant l'ordre chronologique, les principaux actes administratifs qui touchent à notre sujet.

M. Levaillant de Florival étant mort le 20 janvier 1862, l'assemblée des professeurs réunie le 1er février demande à M. Dulaurier, professeur de malais et de javanais, de prendre par permutation la chaire d'arménien, à laquelle il est nommé par décret impérial du 19 du même mois. Le 26 février, un arrêté ministériel charge du cours de malais et de javanais, ainsi devenu vacant, M. l'abbé Favre, ancien missionnaire apostolique dans la presqu'île de Malacca. M. l'abbé Favre ne fut nommé titulaire de la chaire que le 5 avril 1864.

Le 30 décembre 1862, M. Bazin, professeur de chinois moderne, meurt à son tour. M. Stanislas Julien, professeur de chinois au Collége de France, est d'abord autorisé à faire gratuitement à l'École le cours de chinois vulgaire (23 mars 1863), puis chargé du cours avec une indemnité égale au traitement des autres professeurs (6 novembre 1863). Il ne devint jamais titulaire.

M. Léon de Rosny, ancien élève de l'École, est autorisé par arrêté du 20 avril 1863 à faire un cours public de langue japonaise, mais sans avoir droit à aucune rémunération.

Le 13 décembre de la même année, M. Barbier de Meynard est nommé professeur de turc, en remplacement de M. Dubeux, décédé le 4 octobre 1863.

M. Mac-Guckin de Slane, membre de l'Institut, est autorisé à faire un cours public d'arabe algérien, par arrêté du 31 décembre 1863.

M. Hase meurt le 21 mars 1864. Il est remplacé comme président de l'École par M. Reinaud (décret du 13 avril suivant), et comme professeur par M. Brunet de Presle (21 septembre). Un décret du 1er juin 1864 avait préalablement changé le titre de la «chaire de grec moderne et de paléographie grecque,» en la transformant en une «chaire de grec moderne.»

M. Schefer, professeur de persan, est nommé président de l'École, par décret du 16 octobre 1867, en remplacement de M. Reinaud, décédé le 14 mai précédent.

Le 7 avril 1868, l'assemblée des professeurs, considérant l'exiguïté du local occupé par l'École dans les bâtiments de la Bibliothèque impériale et sa complète insuffisance pour les besoins actuels, décide qu'il y a lieu d'insister auprès de M. le Ministre de l'Instruction publique pour obtenir un local plus vaste, où les collection reçues depuis quelque temps puissent trouver place. Les leçons ne se faisaient plus dans la salle où l'École avait remplacé en 1833 les bureaux de l'indemnité de Saint-Domingue, mais dans un auditoire plus convenable construit en 1858—1859 pour le cours d'archéologie établi près la Bibliothèque impériale; pendant l'édification de cette salle, les cours de langues orientales avaient dû être suspendus toute une année. Le nouveau local ne correspondait pas cependant au développement que prenait peu à peu l'École, et de plus, quelques difficultés soulevées par l'Administrateur de la Bibliothèque rendaient désirable la séparation des deux établissements.

Le 24 mai de la même année un décret supprimait la chaire d'arabe littéral vacante par suite de la mort de M. Reinaud, et y substituait une chaire de japonais à laquelle était nommé le même jour M. Léon de Rosny.

Plusieurs enseignements nouveaux s'introduisent à l'École en 1868 et en 1869 : M. Sandon est autorisé à faire un cours de tamoul (19 juin 1868); MM. de Slane et Feer sont chargés, le premier d'un cours d'arabe d'Algérie (15 janvier 1869) et le second d'un cours de tibétain (26 janvier 1869).

Cédant enfin aux vœux réitérés de l'assemblée des professeurs relativement au local, M. le Ministre de l'Instruction publique met à la disposition de l'École, qui en prend possession dans les derniers jours de l'année 1868, l'appartement alors inoccupé de l'Administrateur du Collège de France. Quelques travaux d'appropriation suffirent pour pratiquer dans cet appartement deux salles de cours et un bureau pour le secrétariat, ainsi que pour loger les livres et autres objets de collection que possédait déjà l'École. L'éloignement de la Bibliothèque impériale faisait une obligation rigoureuse de constituer rapidement une bibliothèque orientale : en peu de mois, beaucoup d'ouvrages furent achetés, d'autres reçus en don de France et de l'étranger, et la place ne tarda pas à faire défaut dans un appartement relativement petit, qui du reste n'avait été accordé qu'à titre transitoire et pouvait être redemandé d'un jour à l'autre. Mais n'anticipons pas sur les événements et arrivons au décret du 8 novembre 1869, portant réorganisation de l'Ecole des langues orientales.

Ce décret clôt la deuxième période de l'histoire de l'Ecole et ouvre la troisième dans laquelle nous sommes aujourd'hui.

Depuis plusieurs années le besoin d'une réorganisation de l'Ecole des langues orientales était vivement senti par la plupart des professeurs. M. Hase avait déjà fait, en 1866, mais sans succès, des démarches pour l'obtenir. La translation de l'Ecole dans un local où elle était indépendante de toute autre administration, non moins que le nombre des élèves qui augmentait sensiblement d'année en année, faisaient, en 1869, une obligation stricte de ne pas ajourner davantage une mesure aussi urgente. Le décret de réorganisation fut donc rendu le 8 novembre 1869[1]. Deux mots suffiront à le caractériser : c'était un retour net et formel à l'esprit et à la lettre de la loi du 10 germinal an III ; le préambule du décret le déclarait sans ambages : « Considérant qu'il est nécessaire de réorganiser l'Ecole *pour la ramener à sa destination primitive*. »

Voici, rapidement esquissée, l'économie de la nouvelle organisation : Aux neuf chaires déjà existantes était ajoutée une chaire de langue annamite, destinée à faciliter le recrutement du personnel administratif employé dans la Cochinchine française. L'article 2 du décret précisait en ces termes la nature des études et le but auquel devait tendre

1. Voyez les *Documents relatifs à la constitution et à l'histoire de l'Ecole des langues orientales vivantes*, p. 3.

l'enseignement : « Les cours ont pour objet d'apprendre aux élèves à lire, écrire et parler les langues dont l'énumération précède, et de leur enseigner la géographie politique et commerciale des pays où ces langues sont en usage. » Aux professeurs étaient adjoints des répétiteurs indigènes « chargés d'interroger les élèves et de les exercer à la conversation et à la lecture à haute voix. » Le décret portait également que des cours complémentaires pourraient être institués au fur et à mesure des besoins. Des bourses étaient accordées aux élèves qui se distingueraient par leur assiduité et leurs progrès. Enfin, ceux des élèves qui rempliraient certaines conditions de scolarité et auraient achevé trois années d'études devaient subir un examen, à la suite duquel le diplôme d'*Élève breveté de l'École des langues orientales* pourrait leur être conféré.

L'École était placée sous l'autorité d'un administrateur, nommé par le Ministre de l'Instruction publique, qui devait convoquer et présider l'assemblée des professeurs. Le décret établissait aussi, près de l'École, un Conseil de perfectionnement composé de neuf membres, délégués par les divers ministères qui pouvaient admettre dans leur personnel des élèves sortis de l'établissement.

Des difficultés, provenant de l'insuffisance des crédits portés au budget, puis le passage temporaire de l'École dans les attributions du « Ministère des lettres, sciences et beaux-arts, » empêchèrent d'abord de mettre à exécution les améliorations introduites par le décret du 8 décembre 1869 dans l'organisation de l'École. La guerre et les désastres qui l'accompagnèrent, devinrent une nouvelle cause d'ajournement[1]. Mais dès le début de l'année scolaire 1871—1872 furent nommés, par arrêtés du 8 novembre : M. Abel des Michels, chargé du cours de langue annamite; MM. Blancard, Soliman al-Haraïri, Kouri Moto[2], répétiteurs pour les langues grecque moderne, arabe vulgaire et japonaise. Le 10 décembre 1871, deux décrets nommaient également M. de Slane professeur titulaire de la chaire d'arabe vulgaire, en remplacement de M. Caussin de Perceval, décédé le 15 janvier précédent, et M. le comte Kleczkowski, premier secrétaire-interprète du gouvernement pour les langues de la Chine, à la chaire de chinois vulgaire, qui était restée sans titulaire depuis la mort de M. Bazin.

Le 26 février 1872 étaient institués à l'étranger des membres correspondants de l'Ecole des langues orientales vivantes, et le 11 mars suivant fut signé le décret portant règlement de l'Ecole[3] et complétant sous ce rapport le décret de réorganisation. La même année le Ministre de l'Instruction publique, conformément à l'article 9 du décret du 8 novembre 1869, établit un cours complémentaire d'histoire, de géographie et de législation des Etats musulmans.

1. Notons ici que les cours de l'Ecole ne furent point suspendus, même pendant le siége de Paris.

2. Remplacés plus tard par MM. Legrand, Aboul Nasr Imran et Imamoura Waro. Ce dernier a quitté l'Ecole et n'a pas encore été remplacé, non plus qu'un répétiteur chinois, Liéou Siéou Tchang, attaché à l'Ecole par arrêté du 12 janvier 1874 et décédé le 14 novembre 1879, après avoir rendu des services qui ont été hautement appréciés. Mentionnons encore deux répétiteurs annamites, Tran van Cua et Tran Nguon Hanh, nommés par le Ministère de la marine et des colonies et entretenus à Paris aux frais du gouvernement colonial de la Cochinchine.

3. *Documents*, etc., p. 17.

en chargea M. Dugat (29 avril 1872), et augmenta le nombre des répétiteurs en nommant M. O. Saghirian répétiteur de turc (même date). Quelques mois après, un nouveau cours complémentaire d'histoire, de géographie et de législation des États de l'Extrême-Orient, fut créé et confié à un sinologue bien connu, M. Pauthier (8 novembre 1872). Presque en même temps M. A. des Michels était nommé titulaire de la chaire d'annamite (5 décembre).

Ce fut à la fin de l'année scolaire 1872—73 qu'eurent lieu les premiers examens de fin d'étude donnant droit au diplôme d'élève breveté. Sept élèves en furent jugés dignes: MM. Huart, pour l'arabe et le grec moderne; Lorgeou et Hardouin, pour le malais et le javanais; Sarazin, pour le japonais; Meyer, pour l'annamite; Balluet d'Estournelles de Constant de Rebecque, pour le grec moderne, et Batifaud, pour le turc[1].

Cependant les collections, et en particulier la bibliothèque de l'École, s'accroissaient dans des proportions qui ne permettaient plus de les ranger convenablement dans l'appartement concédé à l'École au Collège de France, appartement qui venait en outre d'être réclamé par le nouvel administrateur de cet établissement. Il fallait donc trouver un autre local plus grand, mieux aménagé, et où, cette fois, l'École fût indépendante et chez elle.

Un heureux hasard rendit vacant dans le courant de l'année 1873 l'hôtel occupé jusqu'alors dans la rue de Lille par l'École du génie maritime. Il fut attribué à l'École des

1. Six de ces élèves diplômés furent admis presque immédiatement dans les services extérieurs du Ministère des Affaires étrangères.

d

langues orientales qui y trouva des locaux suffisants pour ses salles de cours, ses collections et sa bibliothèque, et s'y installa au mois d'octobre 1873. On peut dire que c'est à partir de ce moment, et de ce moment seulement, que le décret de réorganisation du 8 novembre 1869 et le règlement du 11 mars 1872 purent produire leur plein et entier effet. Le classement de la bibliothèque commença immédiatement sous la direction de M. A. Carrière, répétiteur à l'Ecole des hautes études, nommé secrétaire-bibliothécaire le 15 décembre 1873, en remplacement de M. Sédillot, nommé secrétaire-honoraire, et de M. Latouche, chargé d'une conférence préparatoire à l'étude des langues de l'Orient musulman. Les conditions d'âge et de scolarité furent rigoureusement exigées des élèves. Aucun empêchement ne vint plus entraver la marche régulière de l'enseignement donné par les professeurs et les répétiteurs. Le nombre des élèves et des auditeurs continua de s'accroître, et les Jeunes de langues, au lieu de recevoir, comme par le passé, des leçons de langues orientales au Lycée Louis-le-Grand, commencèrent depuis ce moment à suivre les cours de l'Ecole après l'achèvement de leurs études classiques.

Le développement de l'Ecole des langues orientales s'est opéré depuis lors d'une manière constante et tout à fait normale. Dix ans se sont écoulés depuis la translation de cet établissement dans l'hôtel de la rue de Lille. Un exposé rapide de sa situation actuelle permettra de juger des progrès accomplis et des services rendus à l'Etat pendant cette période.

Personnel et enseignement. M. Brunet de Presle, professeur de grec moderne, décédé le 12 septembre 1875, a été remplacé par M. Miller, membre de l'Institut, nommé 19 février 1876. — Une chaire de langue russe et de dialectes slaves a été créée le 1er janvier 1877, et M. L. Leger, chargé d'un cours complémentaire depuis 1874, en a été le même jour nommé titulaire. — M. de Slane, professeur d'arabe vulgaire, et M. Garcin de Tassy, professeur d'hindoustani, sont morts le premier, le 4 août 1878, et le second, le 2 septembre suivant. La chaire d'hindoustani fut supprimée le 12 avril 1879 et remplacée par la chaire d'arabe littéral, rétablie pour M. H. Derenbourg, qui était chargé depuis le 9 octobre 1875 d'un cours complémentaire de grammaire arabe. M. Cherbonneau, nommé à la chaire laissée vacante par M. de Slane, le 15 mars 1879, est mort le 11 décembre 1882, et n'a point encore de successeur. — Un cours complémentaire d'hindoustani et de tamoul a été institué le 12 avril 1879 et confié à M. Vinson. — M. Dulaurier, professeur d'arménien, décédé le 21 décembre 1881, n'est point encore remplacé ; M. A. Carrière, secrétaire de l'Ecole, a été chargé du cours. — Enfin, M. H. Cordier, depuis le 5 août 1881, est chargé du cours complémentaire d'histoire, de géographie et de législation des Etats de l'Extrême-Orient, et M. E. Picot, depuis le 31 décembre 1881, d'un cours complémentaire de langue roumaine qu'il était autorisé à professer depuis le 30 juillet 1875[1].

SCOLARITÉ. Les cours de l'Ecole ont été suivis pendant l'année scolaire 1882—1883 par 42 élèves réguliers et 81

1. Ajoutons encore qu'en 1874 MM. de Ujfalvy et Rochet furent autorisés à professer à titre temporaire, le premier la géographie de l'Asie, et le second, le Mandchou et le Mongol.

auditeurs libres. Les examens de fin d'année qui ont eu lieu au commencement de juillet dernier ont été assez satisfaisants pour que vingt-neuf diplômes aient pu être demandés au Ministre de l'Instruction publique. Depuis 1873, plus de trente élèves de l'Ecole sont entrés dans les services extérieurs du Ministère des affaires étrangères et du Ministère de la marine, et quelques-uns remplissent déjà des fonctions élevées[1].

Bibliothèque. La Bibliothèque de l'Ecole des langues orientales, qui comptait à peine 4000 volumes en 1873, en possède aujourd'hui environ 20,000, se rapportant tous aux langues et à l'histoire de l'Orient moderne. Elle contient de nombreux textes arabes, persans, turcs, chinois et japonais imprimés en Orient, ainsi qu'une belle collection d'ouvrages en grec moderne léguée par M. Brunet de Presle. Cette bibliothèque est mise tous les jours à la disposition des professeurs et des élèves de l'Ecole.

Publications. Depuis 1875, des fonds ont été alloués à l'Ecole des langues orientales pour la publication d'ou-

1. L'admission des élèves de l'Ecole dans la carrière du drogmanat et de l'interprétariat a été définitivement réglée par le décret du 18 septembre 1880, qui contient les deux articles suivants : «Art. 6. — Nul ne pourra être nommé drogman ou interprète de 3e classe s'il n'a été au moins trois ans attaché, en qualité de drogman-adjoint ou d'interprète-adjoint, à un poste diplomatique ou consulaire. — Art. 7. — Les drogmans adjoints et interprètes-adjoints sont recrutés : 1° parmi les élèves drogmans et les élèves interprètes diplômés, c'est-à-dire parmi les anciens «Jeunes de langues» munis du diplôme de bachelier-ès-lettres et qui auront suivi avec succès les cours de l'Ecole spéciale des langues orientales vivantes ; 2° parmi les autres élèves, français et diplômés, de la dite école ; 3° parmi les drogmans auxiliaires jouissant de la qualité de Français, ayant, après trois ans de stage, subi devant une commission spéciale un examen d'aptitude dont le programme sera fixé par un arrêté ministériel.»

vrages relatifs aux langues orientales et aux pays où ces langues sont parlées. La collection, qui fut immédiatement commencée et qui parait chez M. E. Leroux, libraire de l'Ecole des langues orientales, comprend déjà les ouvrages suivants :

Histoire de l'Asie centrale, par Mir Abdoul Kerim Boukhary, publiée, traduite et annotée par Ch. Schefer. Paris, 1876, 2 vol.

Relation de l'ambassade au Kharezm de Riza Qouly Khan. Texte persan, et traduction française par Ch. Schefer. Paris, 1876—1879, 2 vol.

Recueil de poèmes historiques en grec vulgaire, publiés, traduits et annotés par E. Legrand. Paris, 1877.

Mémoires sur l'ambassade de France en Turquie, par le comte de Saint Priest, [publié par Ch. Schefer]. 1877.

Recueil d'itinéraires et de voyages dans l'Asie centrale et l'Extrême-Orient. Paris, 1878.

Bag o Bahar, *le Jardin et le Printemps,* poème hindoustani traduit en français par Garcin de Tassy. Paris, 1878.

Chronique de Moldavie depuis le milieu du XIVe siècle jusqu'à l'an 1594, par Georges Urechi; texte roumain avec traduction française par E. Picot. Paris, 1878 (3 livraisons publiées; la 4e et dernière est sous presse.)

Bibliotheca Sinica. *Dictionnaire bibliographique des ouvrages relatifs à l'empire chinois,* par H. Cordier. Paris, t. I, 1878 (le 2e vol. est en cours de publication.)

Recherches archéologiques et historiques sur Pékin et ses environs, par le Dr. Bretschneider. Traduction française par V. Collin de Plancy. Paris, 1879.

Histoire des relations de la Chine avec l'Annam Viêtnam du XVIe au XIXe siècle, par E. Devéria. Paris, 1880.

ΔΑΚΙΚΑΙ ΕΦΗΜΕΡΙΔΕΣ. *Ephémérides Daces ou Chronique de la Guerre de quatre ans* (1736—1739), par Constantin Dapontès; publiée, traduite et annotée par E. Legrand. Paris, t. I, 1880, t. II, 1881 (le t. III et dernier est sous presse).

Recueil de documents sur l'Asie centrale, par C. Imbault-Huart. Paris, 1881.

Tam tu kinh *ou le Livre des phrases de trois caractères, avec le grand commentaire de Vuong tân thăng*; texte, transcription annamite et chinoise, etc., par A. des Michels. Paris, 1882.

Histoire universelle, par Etienne Açogh'ig de Daron; traduite de l'arménien et annotée par E. Dulaurier. Paris, 1re partie, 1883 (la 2e partie, traduite par A. Carrière, est en préparation).

Luc Vân Tiên, *poème populaire annamite*, publié et traduit par A. des Michels. Paris, 1883.

Sefer nâmèh. *Relation du voyage de* Nassiri Khosrau *en Syrie, en Palestine*, etc. Publié, traduit et annoté par Ch. Schefer. Paris, 1881.

Chronique de Chypre, par Léonce Machéras. Texte grec et traduction française par E. Miller et C. Sathas. Paris, 1882, 2 vol.

Dictionnaire turc-français. Supplément aux dictionnaires publiés jusqu'à ce jour, par A. C. Barbier de Meynard. 1881; trois livraisons publiées.

Mirâdj-nâmèh, publié pour la première fois d'après le manuscrit ouïgour de la Bibliothèque nationale; traduit et annoté par A. Pavet de Courteille. Paris, 1882.

Chrestomathie persane, par Ch. Schefer. Paris, t. I, 1883 (le 2e vol. est sous presse).

Sont sous presse et doivent paraître incessamment :

Chronique de Nestor, traduite du russe par L. Leger.

Les manuscrits arabes de l'Escurial, décrits par H. Derenbourg.

Histoire du bureau des interprètes de Pékin, par Devéria.

Ousâma le Mounkidhite. Récit de la vie d'un émir syrien au XIIe siècle, par M. Hartwig Derenbourg. — Avec le texte arabe de l'autobiographie d'Ousâma, publié d'après le manuscrit de l'Escurial.

Ni-hon syo-ki, *l'un des livres canoniques des Japonais*, publié et traduit par L. de Rosny.

Le présent volume rentre également dans la collection des Publications de l'Ecole des langues orientales.

Paris, 16 août 1883.